세상에는 즐거운 일도 있지만 슬픈 일도 많아.
옛날 인도 사람들은 고통이나 죽음에 대해 깊이 생각하며
불교와 힌두교 같은 종교를 만들었어.
신과 함께 살아가는 나라, 인도로 떠나 보자.

나의 첫 세계사 2

신과 함께 살아가는
인도

박혜정 글 | 정소영 그림

휴먼
어린이

아라비아

세계에서 가장 많은 사람이 사는 나라는 어디일까?
바로 중국과 인도야.
중국에 살고 있는 사람은 14억 명이 넘어.
인도에도 그 정도의 사람들이 살고 있지.
중국과 인도는 인류의 문명이 시작된 곳이기도 해.
두 나라 중에 문명이 더 먼저 발달했던 곳은 인도야.
오늘은 인도에 가 보자.

중국 사람들은 꽤 오랫동안 중국이 세상의 중심이라고 생각했어.
그런데 이 지도를 가만히 들여다보면 세상의 중심은 인도 같기도 해.
인도는 사막길과 바닷길이 여기저기로 연결되어 있어서 아주아주 먼 옛날부터
아프리카, 아라비아, 중국, 동남아시아의 섬나라들과 무역을 했어.
물건을 사고팔며 사람들도 오고 갔지. 그렇게 인도는 여러 나라에 영향을 주었어.

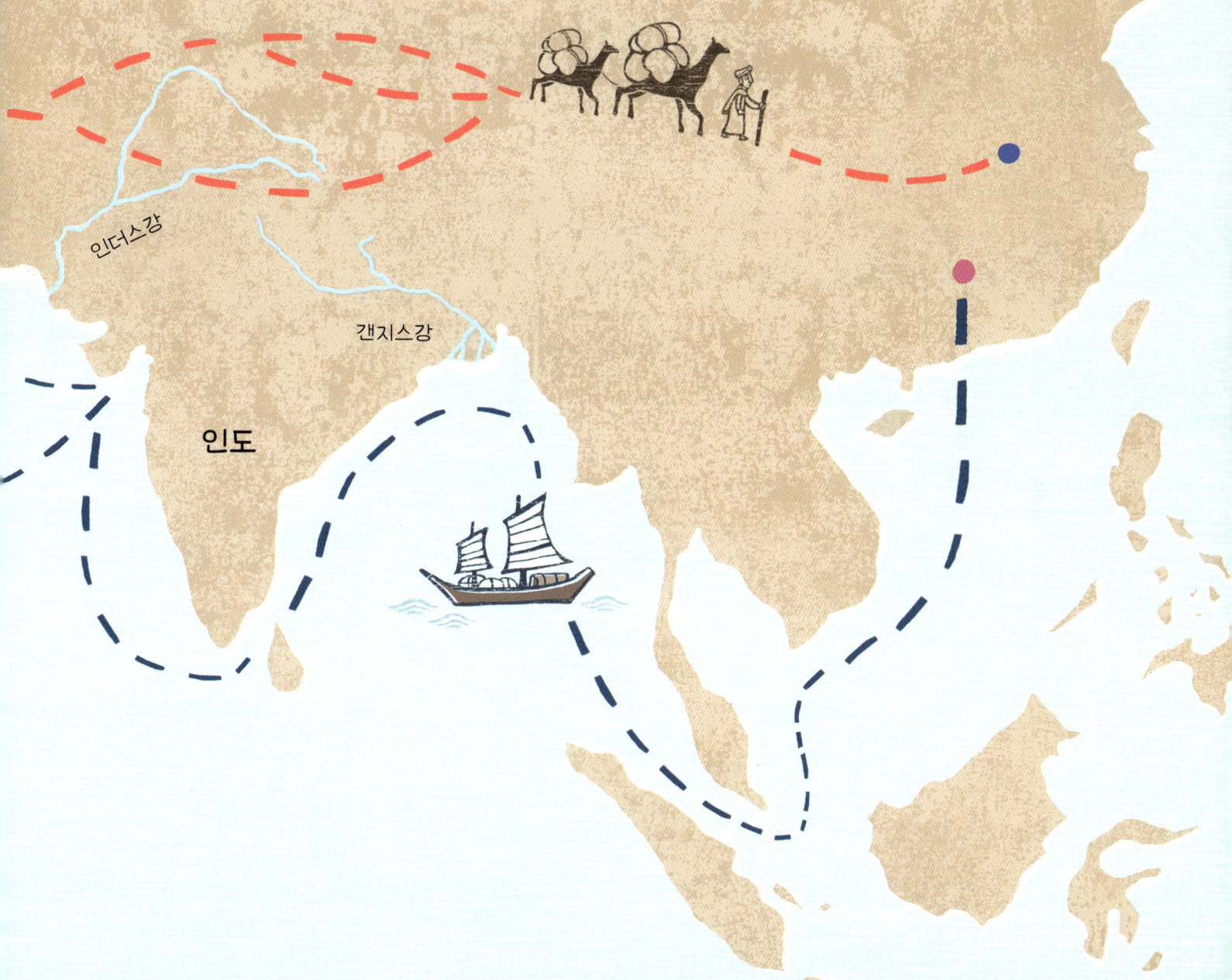

인도의 문명이 시작된 곳은 **인더스강**이야.
인더스강은 히말라야에서 시작해서 아라비아 바다로 흘러가지.
히말라야는 높은 산들이 연이어 있는 산맥인데,
그중에는 세계에서 제일 높은 에베레스트산도 있어.
히말라야 꼭대기에 쌓여 있는 눈이 녹으면서 물줄기를 이루고,
그 물줄기들이 인도의 서쪽으로 흐르는 인더스강과
동쪽으로 흐르는 갠지스강을 만들지.

인더스강처럼 긴 강은 아래쪽으로 흘러가면서
좋은 양분을 품은 흙을 곳곳에 옮겨 놓아.
농사짓기에 좋은 이런 땅에서 일찍부터 사람들이 모여 살았지.
인더스강 주변에도 수천 개의 마을이 생겨났고,
그중에 규모가 큰 도시, 하라파와 모헨조다로가 있었어.

인더스강 위쪽의 **하라파**, 인더스강 아래쪽의 **모헨조다로**.
반듯반듯하게 지은 도시에 벽돌로 만든 집과 창고, 목욕탕이 있어.
이곳 사람들은 신에게 제사 지내기 전에 몸을 깨끗이 씻어야 한다고 생각해서
목욕탕을 크게 만들어 중요한 자리에 두었대.
그리고 강과 바다를 이용해 이웃 나라와 물건을 사고팔았어.
자신들의 물건을 확인하기 위해 동물과 글자가 새겨진 도장도 만들었지.

이 도장들에 새겨진 동물들을 알아볼 수 있겠니?
도장에 쓰여 있는 글자를 읽을 수 있을까?
지금까지 이 글자를 해석해 낸 사람은 아무도 없대.
이 글자를 읽을 수 있다면 아주 유명해질지 몰라!

많은 시간이 지나고 인도 땅에
새로운 사람들이 찾아왔어.
그들은 철기를 사용하는 아리아인이었지.
철기라고? 그게 뭔데?
철기는 쇠로 만든 도구야.
쇠로 만든 도구가 그렇게 대단해?
그럼, 대단하지.

돌을 깨거나 갈아서 만든 **석기**도, 구리와 아연 같은 금속을
녹여서 만든 **청동기**도 단단하고 튼튼한 **철기**를 당해 낼 수가 없거든.
창이나 칼, 쟁기나 삽, 수레와 전차 바퀴도 철기로 만들 수 있어.
철기를 능숙하게 다루던 아리아인은 인더스강을 어렵지 않게 정복하고,
갠지스강이 있는 동쪽으로 점점 더 이동했지.

정복한 사람들을 다스리기 위해
아리아인은 엄격한 신분 제도를 만들었어.
이 신분 제도를 **카스트 제도**라고 해.
카스트 제도에는 네 개의 신분이 있어.
브라만, 크샤트리아, 바이샤, 수드라가
그 넷이지.

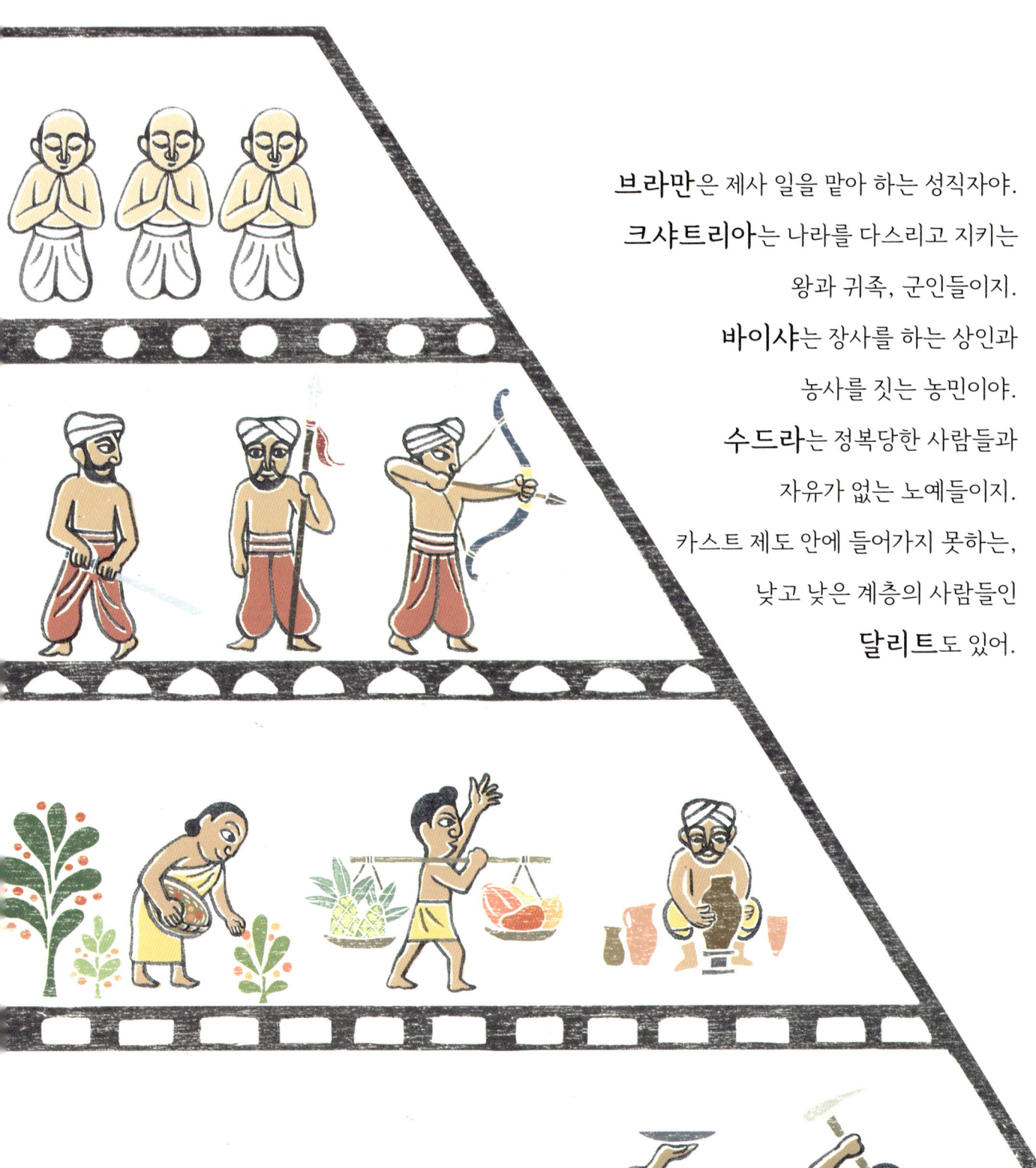

브라만은 제사 일을 맡아 하는 성직자야.
크샤트리아는 나라를 다스리고 지키는 왕과 귀족, 군인들이지.
바이샤는 장사를 하는 상인과 농사를 짓는 농민이야.
수드라는 정복당한 사람들과 자유가 없는 노예들이지.
카스트 제도 안에 들어가지 못하는, 낮고 낮은 계층의 사람들인 **달리트**도 있어.

아리아인들은 이 세상을 살아가려면
신들의 도움이 필요하다고 생각했어.
해가 떠야 할 때 해가 뜨는 일, 비가 와야 할 때 비가 오는 일,
농사가 잘되고, 가축들이 잘 자라는 일이 모두 신의 뜻인 거지.
사람들이 신을 잘 섬겨야
꼭 필요한 일들이 제대로 일어날 수 있다고 믿었어.
신들의 세계를 이해하고 제사를 지내는
브라만이 제일 높은 신분이었지.

하지만 신분이 높다고 다른 사람들을 업신여기고 못되게 굴면 안 돼.
다음 생에는 더 낮은 신분으로 태어날 수 있으니까 조심해야 해.
수드라로 태어나 노예로 사는 사람들은
다음 생에 더 높은 신분으로 태어날 거라는 희망을 품고 살았어.
이번 생에 죽고 나서, 다음 생에 다시 살아나는 것을 '환생'이라고 해.
환생을 믿고 자연의 신들과 카스트 제도를 따르는 것,
인도에서 가장 많은 사람이 믿는 **힌두교**는
이렇게 시작되었어.

인도에서 만들어진 유명한 종교가 또 하나 있어.
고타마 싯다르타가 만든 **불교**야.
참 특이한 이름을 가진 사람이네.
싯다르타는 전쟁이 많이 벌어지던 시대에
카필라라는 작은 왕국의 왕자로 태어났어.
왕궁 안에서 편안하게 살아가던 싯다르타가
처음으로 왕궁 밖으로 나갔을 때 무엇을 봤을까?
종일 힘들게 일하는 사람들, 전쟁에 지친 사람들,
몸이 아프거나 죽어 가는 사람들…….
사람들의 삶이 고통으로 가득 찬 것을 본 싯다르타는
긴 시간 동안 삶의 해답을 찾기 위해 노력했어.

오랜 수행 끝에 싯다르타는 드디어 깨달음을 얻었어.
문제는 욕심이야. 더 많이 가지려는 욕심,
다음 생에 더 좋은 신분으로 태어나고 싶은 욕심.
욕심을 없애면 평화와 자유를 얻을 수 있지.
이런 상태를 '해탈'이라고 해.
싯다르타는 카스트 제도의 차별도 인정하지 않았어.
그리고 자기가 깨달은 것을 사람들에게 가르쳐 주었지.
많은 사람이 고타마 싯다르타를 따르면서
그를 석가모니 부처님이라고 불렀고,
그의 생각을 널리널리 퍼뜨렸어.
불교는 이렇게 시작되었지.

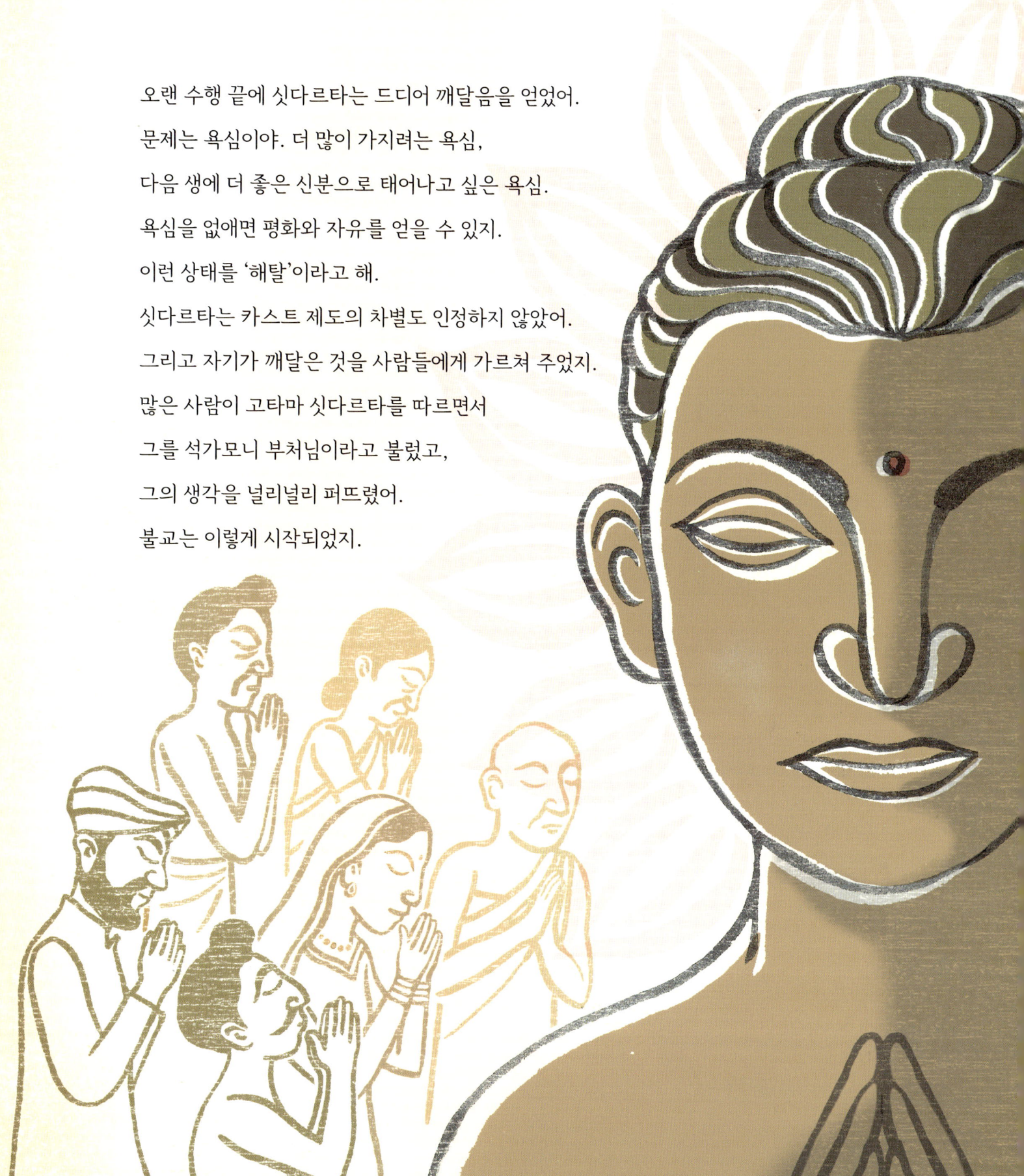

인도의 왕 중에 불교를 특별히 좋아한 사람이 있었어.

마우리아의 아소카 왕이야! 마우리아는 처음으로 인도를 통일한 나라지.

아소카 왕은 작은 왕국들을 정복하면서 많은 전쟁을 벌였어.

전쟁이 일어나면 수십만 명의 사람이 죽고, 마을 전체가 시체로 뒤덮이지.

부모를 잃은 아이들이 울고 있는 광경을 보자,
아소카 왕은 큰 죄책감을 느껴. 전쟁을 멈추고 무기를 없앴지.
그러고는 부처님의 가르침과 법에 따라 나라를 다스렸어.
백성들을 위해 우물과 병원과 고아원을 짓고,
부처님께 기도할 수 있는 사원과 탑도 지었어.

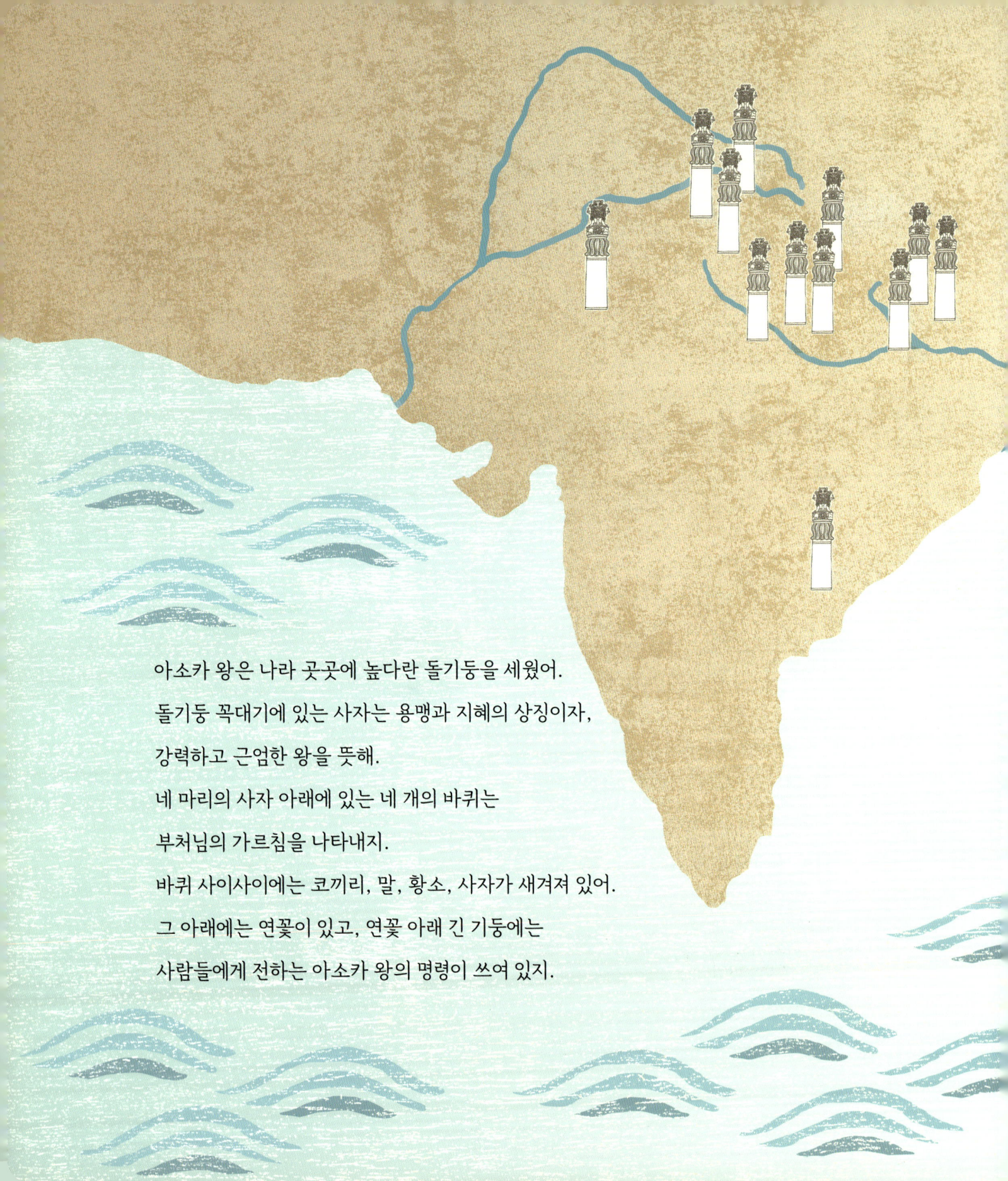

아소카 왕은 나라 곳곳에 높다란 돌기둥을 세웠어.
돌기둥 꼭대기에 있는 사자는 용맹과 지혜의 상징이자,
강력하고 근엄한 왕을 뜻해.
네 마리의 사자 아래에 있는 네 개의 바퀴는
부처님의 가르침을 나타내지.
바퀴 사이사이에는 코끼리, 말, 황소, 사자가 새겨져 있어.
그 아래에는 연꽃이 있고, 연꽃 아래 긴 기둥에는
사람들에게 전하는 아소카 왕의 명령이 쓰여 있지.

아소카 왕의 돌기둥 조각은
현재 인도의 국기와 화폐에 그려져 있어.
인도를 최초로 통일하고,
백성들을 소중히 여긴 아소카 왕은
지금까지도 인도 사람들에게 사랑받고 있어.

하지만 인도 사람들은 부처님보다 힌두교의 신들을 더 좋아했어.
자연 어디에나 신이 깃들어 있다고 생각한 힌두교에는
셀 수 없을 만큼 많은 신들이 있는데, 가장 중요한 신은 셋이야.
창조의 신 **브라흐마**,
유지의 신 **비슈누**,
파괴의 신 **시바**.

아침에 뜬 해가 세상을 비추고 밤이 되면 사라지듯이,
사람이 태어나고 성장하다가 언젠가는 죽게 되듯이,
우주의 만물은 창조되어 질서를 유지하고
소멸하기를 반복한다는 생각이
브라흐마, 비슈누, 시바 신에게 녹아 있어.

인도에서 힌두교가 가장 발전하는 건 굽타 왕조가 인도를 다스릴 때야.

찬드라굽타, 사무드라굽타처럼 굽타 성을 가진 왕들이 있던 시대였지.

굽타 왕조의 왕들은 비슈누 신이 환생해서 왕이 되었다고 생각했어.

왕이 앞장서서 힌두교를 믿고, 힌두교 사원을 지었지.

인도 남쪽의 엘로라 석굴 사원에는 브라흐마, 비슈누, 시바 신 말고도

시바 신의 아내인 두르가 여신, 코끼리 신 가네샤 같은

다양하고 개성 있는 신들이 조각되어 있어.

두르가 여신은 전쟁의 신인데, 팔이 무려 8개나 있대.

손에는 원반, 창, 활, 철봉, 방망이 같은 다양한 무기들을 쥐고 있지.

코끼리 신 가네샤는 사업의 성공을 도와주고 상인들을 보호하는 신이야.

원숭이 신 하누만은 히말라야도 들 수 있을 만큼 막강한 힘을 가졌대.

종교만 발달한 게 아니야. 천문학이나 수학 같은 학문의 수준도 높았어.
인도의 과학자들은 일찍부터 지구가 공처럼 둥글고,
하루에 한 바퀴씩 자전한다는 것을 알아냈지.
지금 우리가 쓰고 있는 숫자도 인도 사람들이 처음으로 발명했어.
인도 사람들이 만든 숫자를 아라비아 상인들이 사용하며 곳곳에 퍼뜨렸던 거야.

외국의 배들이 인도에 드나들며 물건을 사고팔기도 했어.
인도 해안가에서 만들어지는 후추는
고기의 누린내와 생선의 비린내를 없애 주기 때문에 인기가 많았어.
유럽에서는 후추의 가격이 어지간한 보석보다도 훨씬 비쌌대.
인도의 바닷가에는 여러 나라의 상인들이 들락거렸지.

힌두교, 불교와 더불어 인도에서 중요한 종교가 또 하나 있어.

바로 **이슬람교**야. 이슬람교는 인도가 아니라 멀리 아라비아 사막에서 만들어졌어.

"세상에 신은 알라뿐! 알라 앞에서 모든 인간은 평등해."
"세상에 신의 뜻을 전하자. 신의 뜻을 널리널리 퍼뜨리는 것이 우리의 의무!"

이슬람 사람들은 강력한 제국을 만들면서 세력을 키웠어.
인더스강을 건너 인도까지 쳐들어오기 시작했지.

이슬람 사람들이 인도의 넓은 땅을 정복하며
무굴 제국이라는 새로운 나라를 만들었어.
총과 대포로 코끼리 부대를 물리치고 인도를 차지했지.
무굴 제국의 첫 번째 왕, 바부르는 이런 유언을 남겼어.

> 인도 사람들의 마음을 얻어라.
> 힌두교 사원을 파괴하지 마라.
> 종교가 다르다고 차별하지 마라.
> 사랑의 마음으로
> 이슬람교를 널리 전해라.
> 계절이 다양하듯
> 백성들도 다양함을 기억해라.

바부르의 손자, 아크바르는 열세 살이라는 어린 나이에 왕위를 물려받았어. 그 후로 50년 동안 무굴 제국을 다스리며 유능한 황제로 이름을 남겼지. 강력한 군대를 이끌고 영토를 넓혔을 뿐 아니라 교역이 활발하도록 도로를 만들고, 학자들을 존중하며 토론하기를 즐겼어. 할아버지 바부르가 남긴 유언을 따라 힌두교를 믿는 사람들도 받아들였지. 힌두교를 믿는 부족의 공주와 결혼하고, 궁궐 안에서 힌두교 신들을 섬기는 것도 허락했대.

아크바르의 아들은 자한기르, 자한기르의 아들은 샤자한이야.
자한기르도, 샤자한도 바부르의 유언을 잘 따랐어.
무굴 제국의 황제들은 이슬람교를 믿었지만,
이슬람교를 믿지 않는 사람들을
차별하지 않았어.

아크바르, 자한기르, 샤자한 시대는 무굴 제국의 번영기야.
이슬람과 인도 전통이 조화를 이루는 문화가 발달했지.
이때 만들어진 가장 유명한 건축물이 타지마할이야.
타지마할은 샤자한이 사랑하는 아내를 위해 만든 무덤이래.
외국의 뛰어난 건축가를 데려와 건물을 짓고,
튀르키예, 티베트, 중국에서 수입한 보석으로 화려하게 장식했지.
매일 천 마리의 코끼리가 무거운 짐들을 옮기고,
2만여 명의 사람들이 일했어. 갑작스럽게 죽은 왕비를
그리워하며 만든 이 아름다운 무덤이 완성되기까지
무려 22년이라는 긴 시간이 걸렸대!

한가운데에 있는 둥그런 돔과 가장자리에 있는 네 개의 뾰족한 탑은 이슬람 사원의 중요한 특징이야. 하얀 대리석으로 건물을 만들고, 화려한 보석을 입혀 장식하는 건 인도의 전통적인 건축 방식이지.

샤자한의 아들, 아우랑제브는 정복왕이야.
인도 역사에서 가장 넓은 영토를 차지했지.
하지만 아우랑제브는 바부르의 뜻을 따르지 않았어.
사람들에게 이슬람교를 강요하고,
이슬람교를 믿지 않는 사람을 차별했어.

"힌두교를 믿는 사람은 관료가 될 수 없다!
힌두교를 믿는 사람들은 더 많은 세금을 내라!
힌두교 사원을 파괴하고,
그곳에 이슬람 사원을 지어라!"

결국 인도 사람들이 곳곳에서 들고일어났고, 무굴 제국은 점점 약해졌어.
그리고 무너져 가는 무굴 제국을 호시탐탐 노리는 나라들이 있었지.
향신료와 목화가 풍부한 인도에서 더 많은 돈을 벌고 싶었던 유럽 나라들이야.

● **향신료** 후추, 고추, 생강처럼 음식에 맵거나 향기로운 맛을 더해 주는 재료.

유럽의 여러 나라 중에서 인도를 휘어잡은 나라는 영국이야.
영국은 무굴 제국의 황제를 위협하고, 인도의 작은 왕국들과도 전쟁을 벌였어.
인도를 두고 프랑스와 벌인 전쟁에서도 승리를 거두었지.
갠지스강 아래쪽에 있는 콜카타를 차지한 영국은
인도의 향신료와 목화솜을 값싸게 사들이고,
영국의 공장에서 만든 면직물을 인도에 내다 팔았어.
그렇게 영국은 인도의 무역을 장악했던 거야.
게다가 인도인들의 종교와 전통을 무시하고,
영국인들이 믿던 크리스트교를 강요하기도 했어.

영국 여왕이 쓰던 왕관에는 세계에서 가장 오래된 다이아몬드가 박혀 있어.

'코이누르'라는 이름을 가진 이 다이아몬드의 원래 주인은 인도야.

여성이 가지면 괜찮지만 남성이 가지면 죽게 된다는 전설이 있대.

코이누르를 갖기 위해 많은 인도인들이 전투를 벌였어.

'피의 다이아몬드'라는 별명이 생길 정도로 치열했지.

무굴 제국의 바부르가 가졌다가 수많은 사람의 손을 돌고 돌아,
결국 영국 여왕이 다이아몬드를 차지했어.
다이아몬드에 얽힌 이야기만큼
영국과 인도 사이에는 복잡한 일들이 벌어졌지.
인도가 영국에게 빼앗긴 건 다이아몬드뿐이었을까?

나의 첫 역사 여행

종교의 다양성을 존중하는 나라, 인도

바라나시

현재 인도 사람들이 가장 많이 믿고 있는 종교는 힌두교야.
약 14억 명의 인도 사람들 중에서 11억 명 정도가 힌두교도래.
힌두교를 믿는 사람들이 가장 성스럽게 생각하는 곳은
갠지스강이 흐르는 도시, '바라나시'야.
하늘에 있던 갠지스강이 시바 신의 몸을 타고 땅으로 흘러내렸다는 전설이 있대.
힌두교도들은 갠지스강에서 몸을 씻으면 모든 위험으로부터
자신과 가족을 보호할 수 있고, 자신이 지은 죄를 씻을 수 있다고 생각해.
바라나시에는 시바 신의 부인 두르가를 섬기는 사원을 비롯해
여러 힌두교 사원이 있고, 힌두교 신들을 위한 축제가 열려.

갠지스강이 흐르는 바라나시의 풍경

두르가 사원

자마 마스지드

이슬람교는 인도 사람들이 두 번째로 많이 믿는 종교야.
무굴 제국 시대에 이슬람교가 인도에 널리 전파되면서
이슬람 문화와 인도의 전통문화가 어우러지는 독특한 문화가 발달했어.
델리에 가면 무굴 제국의 황제 샤자한이 지은 '자마 마스지드'를 볼 수 있어.
거대한 이슬람 사원인 자마 마스지드는
인도에 있는 가장 커다란 모스크 중 하나야.

자마 마스지드에서 예배 중인 이슬람 신도들

산치 대탑

불교에서는 사람이 죽으면 '화장'을 해.
화장은 사람의 죽은 몸을 불로 태우는 장례 방식이야.
석가모니가 죽고 난 뒤 그의 몸을 화장하자, 많은 양의 사리가 나왔어.
사리는 어려운 수행을 한 사람들의 몸에서 나오는
동글동글한 구슬 같은 것을 말해.
석가모니의 사리를 인도와 주변 나라에서 나누어 보관했는데,
사리를 안전하게 보존하기 위해 만든 것이 탑이야.
인도 중부에 위치한 작은 마을 산치에 남아 있는 '산치 대탑'은
마우리아 왕조 때 아소카 왕의 명령으로 지어졌어.
지금까지 남아 있는 불탑 중에서 가장 오래되었지.

산치 대탑

나의 첫 역사 클릭!

세계에서 가장 아름다운 무덤, 타지마할

타지마할은 무굴 제국의 황제 샤자한이
사랑하는 아내 뭄타즈 마할을 위해 만든 무덤이야.
이슬람과 인도의 전통 양식이 조화롭게 어우러진 건축물이기도 하지.
타지마할 앞에 펼쳐진 정원의 한가운데에는 기다란 수로(물길)가 있어.
수로의 양옆으로 균형을 맞추어 나무가 심어져 있고,
사람들이 다닐 수 있는 길이 뻗어 있지.
타지마할은 동서남북 어느 쪽에서 보더라도 완벽한 대칭을 이루고 있대.
타지마할에 가게 된다면 앞에서만 보지 말고, 양옆과 뒤에서도 감상해 봐!

인도 아그라에 위치한 타지마할

타지마할 건물 바깥 벽면에는
이슬람의 경전인 《쿠란》의 구절과 '아라베스크' 무늬가 새겨져 있어.
이슬람교에서는 신의 모습을 사람의 모양으로 표현하지 않아.
그림이나 조각으로 표현된 물건을 신처럼 여기며 기도하는 것은 옳지 않다고 생각하거든.
그래서 이슬람 건축물을 장식하기 위해서는 쿠란의 구절을 아름다운 글씨체로 쓰거나
일정한 무늬를 반복해서 표현하는 아라베스크 무늬를 그려 넣곤 해.

| 하얀 대리석 위에 화려하게 장식된 외벽 | 타지마할 내부 1층에 있는 왕과 왕비의 관 |

건물 안으로 들어가면 샤자한과 뭄타즈 마할의 관이 있는 공간이 나와.
그들의 시신은 이 관 속에는 없고, 지하실에 따로 보관되어 있대.
관에는 갖가지 보석 조각을 박아 아름다운 무늬들을 새겼지.
그때나 지금이나 최고 기술자들만이 뽐낼 수 있는 솜씨야.

글 박혜정

성균관대학교 역사교육과에서 공부했습니다. 중학교에서 역사를 가르치며 학생들과 세계사의 재미를 나누고 있습니다. 두 아이의 엄마로, 아이를 무릎에 앉혀 놓고 그림책을 읽어 주던 때가 인생에서 빛나던 시절 중 하나라 여기고 있습니다.

그림 정소영

덕성여자대학교와 대학원에서 서양화를 공부하고, 한겨레 일러스트레이션 학교 그림책 과정을 마쳤습니다. 쓰고 그린 책으로는 《아들에게》, 《딩동딩동 편지 왔어요》, 《나는 우리 마을 주치의!》가 있고, 《쿵작쿵작 사진관이 왔어요!》, 《꼬끼오, 새날을 열어라》, 《나는 그냥 나예요》 등에 그림을 그렸습니다.

나의 첫 세계사 2 — 신과 함께 살아가는 인도

1판 1쇄 발행일 2022년 10월 20일

글 박혜정 | **그림** 정소영 | **발행인** 김학원 | **편집** 박현혜 | **디자인** 박인규
저자·독자 서비스 humanist@humanistbooks.com | **용지** 화인페이퍼 | **인쇄** 삼조인쇄 | **제본** 영신사
발행처 휴먼어린이 | **출판등록** 제313-2006-000161호(2006년 7월 31일) | **주소** (03991) 서울시 마포구 동교로23길 76(연남동)
전화 02-335-4422 | **팩스** 02-334-3427 | **홈페이지** www.humanistbooks.com

글 ⓒ 박혜정, 2022   그림 ⓒ 정소영, 2022
ISBN 978-89-6591-462-4 74900
ISBN 978-89-6591-460-0 74900(세트)

- 이 책은 저작권법에 따라 보호받는 저작물이므로 무단 전재와 무단 복제를 금합니다.
- 이 책의 전부 또는 일부를 이용하려면 반드시 저작권자와 휴먼어린이 출판사의 동의를 받아야 합니다.
- **사용연령 6세 이상** 종이에 베이거나 긁히지 않도록 조심하세요. 책 모서리가 날카로우니 던지거나 떨어뜨리지 마세요.